CÓMO SER —UNA— BRUJA

Para los niños del East Camp (y sus cuidadores)
¡por siempre buscar ser la mejor versión de sí mismos!
–GSB
Para la tía Carole, quien siempre me ha hechizado
con su curiosidad y valentía.
–SG
Para David y María, mis brujas favoritas.
–CS

Estamos muy agradecidas con las brujas del pasado, presente y futuro,
y por los consejos de Jeni Wrightson, bruja guerrera del Hudson Valley.

Este libro utiliza la palabra bruja como género neutro.

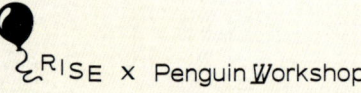

Un sello editorial de Penguin Random House LLC
1745 Broadway, New York, New York 10019

Publicado por primera vez en los Estados Unidos de América en inglés como *How to Be a Witch* por Rise × Penguin Workshop,
un sello editorial de Penguin Random House LLC, 2024
Edición en español publicada por Rise × Penguin Workshop, 2025

Traducción al español de Yanitzia Canetti

Visítenos en línea: penguinrandomhouse.com.

Los datos del registro de la Catalogación en la Publicación (CIP) de la Biblioteca del Congreso están disponibles.

Manufacturado en China

ISBN 9798217049806   10 9 8 7 6 5 4 3 2 1 HH

El texto está compuesto en Big Mamma.
El arte fue creado mezclando pintura digital y tradicional.

Edición de Cecily Kaiser
Edición en español de Nicole Fox
Diseño de Rae Peckman

El representante autorizado en la UE para la seguridad y cumplimiento de este producto es Penguin Random House Ireland,
Morrison Chambers, 32 Nassau Street, Dublin D02 YH68, Irlanda, https://eu-contact.penguin.ie.

CÓMO SER —UNA— BRUJA

escrito por
**Gabrielle Balkan
y Shana Gozansky**

arte de
Carmen Saldaña
traducción de **Yanitzia Canetti**

RISE

NEW YORK

¿Sabías que las brujas son reales?
¡Es verdad! Solo las brujas de mentira tienen la piel verde,
sombreros puntiagudos y vuelan en escobas.

¿Cómo son las brujas de verdad?

¿Cómo se visten? ¿Qué hacen?

¡Vamos a descubrirlo!

¿Qué persona es una bruja de verdad?

¿Es ella una bruja?

¿Esta persona es bruja?

¿Y estas dos?

¡Adivina qué! ¡Todos son brujas!
Las brujas son personas que aprenden y practican la magia,
y la usan para ayudar y curar.

Las brujas pueden ser jóvenes o viejas, grandes o pequeñas.
Pueden tener la piel oscura o clara.
Mucho cabello o ni un solo pelo.

No importa cómo luzcas.
Cualquiera puede ser una bruja,
¡incluso tú!

¿Qué hace que una bruja sea una bruja?
¿Cómo sabes si quieres ser una?

Bueno, ¿te encanta la naturaleza?
¿Te gusta ayudar a los demás?
¿Crees que la magia es real?
¿Te gusta aprender cosas nuevas?

Si respondiste que sí, entonces
tienes lo necesario para
convertirte en una bruja.

Las brujas practican magia a través de hechizos y pociones como una forma de ayudar a los demás. ¡Hay muchos tipos de brujas! Aquí tienes algunos:

Bruja de los cristales

Bruja de la cocina

Bruja del jardín

Bruja cósmica

¿Qué usan las brujas para practicar su magia?
Los calderos y las varitas son solo el comienzo.
Cada bruja usa artefactos diferentes,
depende del tipo de bruja que sea.
Aquí tienes algunos materiales
que podría usar una bruja:

escoba mágica
(para preparar tu espacio)

cartas del tarot

cucharón de madera

cristales

escoba para limpiar
(para cuando terminas)

velas

ibro de conjuros

cuaderno y bolígrafo

Lanzar un hechizo es una manera
de hacer magia. Un hechizo puede ser un poema,
una canción, un cántico, ¡y hasta un susurro!

Las brujas hacen conjuros para ayudar a
otra persona o para ayudarse a sí mismas.
Un hechizo es una forma especial
que tiene una bruja de compartir su amor,
agradecerle a alguien o expresar
que quiere ayudar.

Algunos hechizos son antiguos
y se encuentran en libros de hechizos.
Otros son nuevos y se comparten con amigos.
Algunos todavía esperan a ser escritos...
¡tal vez por ti!
Algunos hechizos funcionan solo con palabras, y otros usan
una poción para hacer que la magia sea más poderosa.

Las pociones son una forma mágica de unir a la naturaleza
y los seres humanos. Vienen en muchas formas y tienen
diferentes usos. Algunas pueden curar un estómago revuelto.
Otras pueden ayudar a un amigo preocupado. Sea lo que sea
que necesites, probablemente hay una poción para eso.

Las brujas eligen hierbas, las mezclan o cocinan algo especial con ellas:
un té preparado en una taza favorita para confortar o pan recién
horneado para honrar la tierra; un ramo de lavanda para calmar a
alguien que está preocupado o flores y hierbas espolvoreadas
sobre una tina para deleitar los sentidos.

Hierba sagrada

la verbena
ayuda con los
dolores de cabeza

Hoja de duende

la lavanda
alivia el estrés

Las brujas encuentran sus recetas mágicas en libros
de pociones o crean sus propias recetas para
experimentar con nuevos tipos de magia.

Ojo de tritón

la semilla de mostaza silvestre

ayuda con la curación

Rocío del mar

el romero

calienta el cuerpo

Las brujas usan ingredientes de sus cocinas o salen a la naturaleza para ver qué pueden encontrar. Algunas hierbas tienen apodos que describen cómo se ven o dónde se encuentran.

¿Las brujas trabajan solas? A veces.
Otras veces, trabajan con amigos mágicos.

Un amigo mágico puede ser otra bruja. Un grupo de
brujas que trabajan juntas se llama aquelarre.

Un amigo mágico también puede ser
un animal especial, llamado espíritu familiar.
Un espíritu familiar puede ser un gato
(de cualquier color),
un lagarto, un conejo o cualquier
otro animal, ¡incluso un caracol!

Sea cual sea el animal,
no es solo tu mascota.
Es tu compañero en la magia.

¿Cómo se viste una bruja?

¡Como quiera!

Pueden caminar con botas grandes, bailar descalzas,
llevar coronas de flores o collares de conchas,
ponerse trajes elegantes o una capa de abrigo.

Las brujas escogen ropa que las hacen sentir
poderosas, fuertes y valientes.

¿Dónde viven las brujas?
¡En cualquier lugar, en todos lados, en todo el mundo!
Algunas viven cerca de montañas nevadas o desiertos rocosos.
Otras viven en bosques tranquilos o en ciudades ruidosas.

Apartamentos, cabañas, casas
rodantes o casitas propias,
las brujas hacen magia en
cualquier lugar llamado hogar.

¿Se dedican todo el día a la magia las brujas?

¡A veces! Pero no siempre.

Las brujas tienen cosas que hacer,
como todos los demás.

Y después de terminar...

Una bruja puede visitar el océano,
cuidar un jardín, caminar por un bosque
o seguir las fases de la luna.

Todas las brujas pasan tiempo en la naturaleza.
La naturaleza fortalece la magia que hay
dentro de una bruja.

Dentro de ti también hay magia.
Eres valiente y audaz, creativa e inteligente, cariñosa
y poderosa, al igual que las brujas. Así que...

Sal al aire libre, reúne tus artefactos, mezcla tus pociones,
crea tus hechizos, enfoca tu mente,
¡siente tu poder y comparte tu magia con el mundo!

Comparte tu magia con el mundo

¿Te gustaría probar algo de magia?
Hemos creado un hechizo y una poción de agradecimiento solo para ti.
Úsalos tal como son o déjate inspirar para crear tu propio hechizo y poción.

—— HECHIZO DE GRATITUD ——

Recita esto en voz alta: solo, con un amigo o repitiéndolo después de un adulto.

Agradezco al sol por su energía cálida,

a la luna por su suave luz nocturna.

Agradezco a mis amigos por sus risas y juegos,

a mi familia por nuestra vida acogedora y amorosa.

Me gradezco a mí mismo por ser curioso y valiente.

A las estrellas, a los mares, a las criaturas grandes y pequeñas,

gracias, gracias, gracias, gracias a todos.

¡Ahora puedes hacer este hechizo tuyo! Completa el siguiente hechizo con detalles que son importantes para ti. Escríbelo en tu libro de hechizos.

Agradezco al _____ por su _____,
algo de la naturaleza que te ayuda   describe una de sus características

al _____ por su _____.
algo de la naturaleza que disfrutas   describe una de sus características

Agradezco a mis amigos por _____
algo útil que hace un amigo

y _____,
algo que te gusta de ese amigo

a mi familia por _____
algo sobre tu familia que te ayuda

y _____.
algo sobre tu familia que disfrutas

Me agradezco a mí mismo por ser _____
algo de ti mismo que te enorgullece

y _____.
algo sobre ti mismo que te hace único

A _____, _____,
algo de la naturaleza que te ayuda   algo de la naturaleza que disfrutas

_____,
algo de la naturaleza que te inspira

gracias, gracias, gracias, gracias a todos.

POCIÓN DE GRATITUD PARA LA LUNA LLENA

Primero, reúne lo que necesitas:

Un frasco de vidrio con tapa

¡Un frasco vacío de especias o mermelada funciona bien! Este es tu caldero. Puedes decorar tu frasco con pegatinas, piedras y cosas que hayas encontrado en la naturaleza, como una flor seca o una pluma.

Un poco de aceite para cocinar

Como aceite de oliva, aguacate, canola; cualquier aceite para cocinar que tengas en tu cocina servirá.

Algunas hierbas o especias, frescas o secas

Como salvia, lavanda, canela, clavo. Elige las que huelan bien para ti.

Unas cuantas cosas de la naturaleza

Como pétalos de flores, una hoja interesante, una concha curiosa, una roca especial. Nunca uses un insecto o animal vivo. Consulta con un adulto para asegurarte de no recolectar nada que pueda irritar tu piel.

Luego, arma tu poción y lanza tu hechizo:

1. Mezcla todo en el frasco mientras piensas en aquello por lo que estás agradecido. ¡Cuando termines, asegúrate de que la tapa esté bien cerrada!

2. Coloca tu poción en el alféizar de una ventana.
Déjala reposar durante la noche a la luz de la luna llena.

3. Cuando salga el sol, tu poción de gratitud estará lista.

4. Coloca una gota de tu poción en tu muñeca o detrás de tu oreja.
(Lávate con un paño húmedo si no te gusta cómo se siente).

5. Para hacer que la magia sea más fuerte, recita tu hechizo de gratitud.

Siempre consulta con un adulto antes de comenzar a hacer pociones
o encender velas. Y ten en cuenta: ¡esta poción NO es comestible!

Más cosas que debes saber sobre las brujas:

¿Las brujas reales tienen piel verde?

"No, a menos que lleven pintura facial. La idea de que las brujas tengan piel verde proviene de la película de 1939 *El mago de Oz*. Una bruja de mentira con piel verde parecía más interesante en una gran pantalla de cine, especialmente porque la mayoría de las otras películas de esa época eran en blanco y negro". —**Gabrielle**

¿Por qué los disfraces de brujas a menudo incluyen un sombrero puntiagudo?

"No estamos del todo seguras. Hace muchos años, algunas mujeres usaban sombreros puntiagudos para que pudieras reconocerlas (y comprarles las bebidas que hacían) en un mercado lleno de gente. La idea de un sombrero puntiagudo para un disfraz de bruja de mentira puede estar basado en eso". —**Shana**

¿Las brujas reales usan una escoba para volar de un lugar a otro?

"No. Las escobas no pueden volar, a menos que tengan un motor. Las brujas reales usan *scooters*, patinetas, patines, trenes, autobuses y el mismo tipo de transporte que cualquier otra persona podría usar. La idea de las escobas voladoras puede haber comenzado hace cientos de años, cuando algunos campesinos pensaban que bailar y saltar con una escoba u horca bajo la luz de luna llena daba buena suerte. ¡Se suponía que este baile imitaba el crecimiento del maíz y animaba a la planta a crecer bien alto!". —**Gabrielle**

¿Las brujas reales en verdad usan libros de hechizos y pociones?

"Todo en este libro proviene de brujas reales que practican magia hoy en día, ¡así que sí! Algunas brujas usan hechizos y pociones, otras usan recetas y conjuros. Las brujas también usan hechizos y pociones antiguos para inspirar otros nuevos de su propia creación". —**Shana**

¿Cómo se convierte alguien en bruja?

"Hay muchos caminos diferentes para convertirse en bruja. Una bruja puede venir de una familia con muchas generaciones de brujas, otra puede estar inspirada por tradiciones culturales y algunas pueden enseñarse a sí mismas. Practicar la brujería puede ser algo que has heredado o algo que otra persona podría heredar de ti". —**Shana**